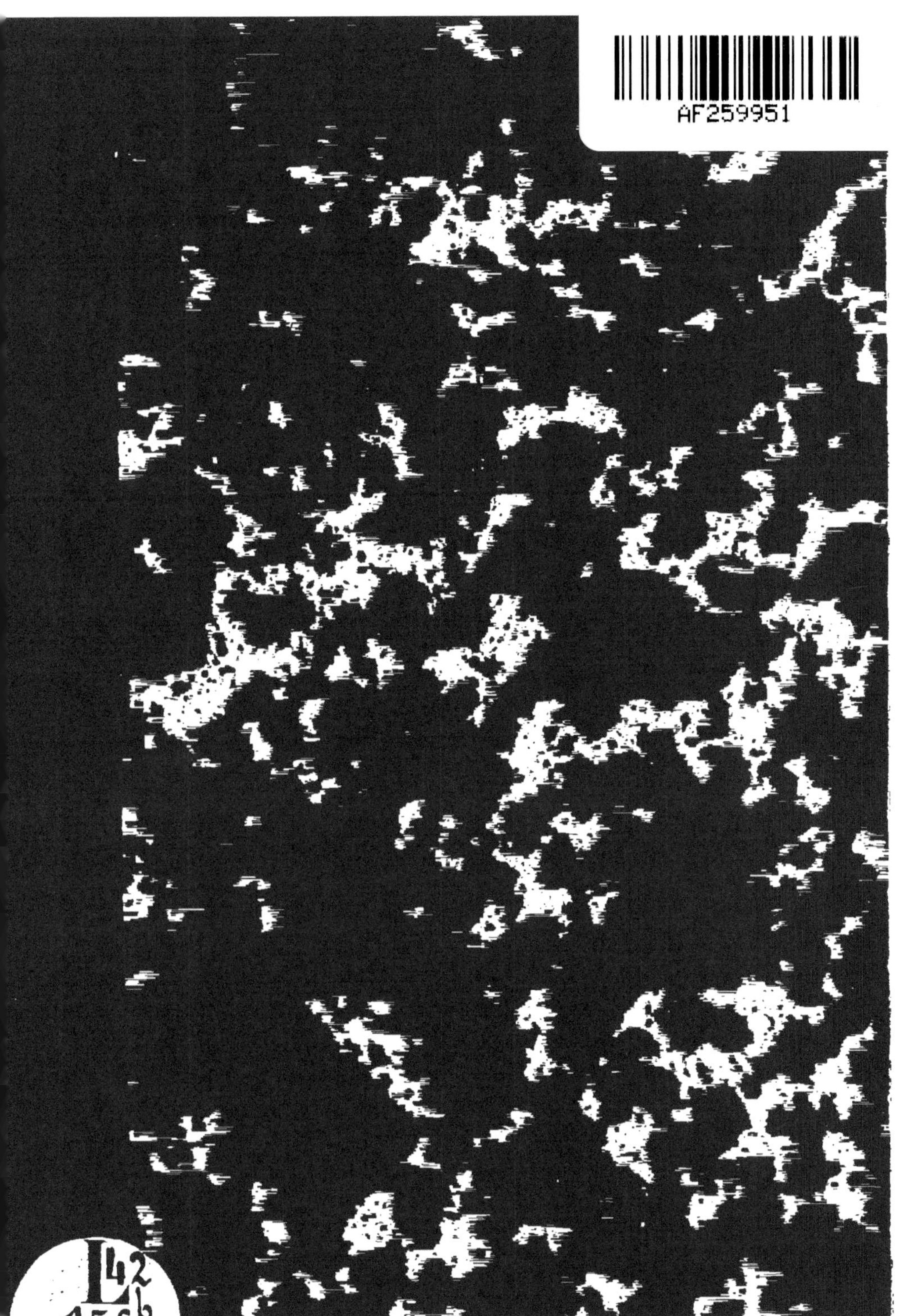

ADRESSE

DU CITOYEN

CHASTEL,

CHEF DE BRIGADE,

A ses Concitoyens & à ses Freres d'armes,

Espérons que la justice du Directoire exécutif nous forcera à ne pratiquer jamais d'autre vertu que celle de la reconnaissance.

Messidor, an 4 de la République.

ADRESSE

Du Citoyen CHASTEL, Chef de Brigade, à ses Concitoyens & à ses Freres d'armes.

ARRACHÉ des sentiers de la gloire avec une violence digne des Nababs de l'Inde, chassé, pour ainsi dire, d'un corps où chaque officier & soldat n'a jamais trouvé en moi qu'un ami, un camarade, un pere, un chef enfin, dont la conduite ne fut jamais influencée par la terreur, la partialité, la colere ou la haine ; privé ensuite de la liberté d'approcher des lieux qui m'avaient vu naître ; cherchant par-tout un asyle qui voulût me recevoir en paix, j'aurais peut-être été cent fois victime de la sombre fureur qui s'acharnait à me poursuivre, si le souvenir des regrets & des pleurs que mes freres d'armes donnerent à mon départ de l'armée des Pyrénées Orientales, n'était sans cesse venu faire une heureuse diversion dans mon ame, en tempérant les sentimens qui m'agitaient malgré moi.

O vous que l'injustice ne frappa jamais, vous que l'affreuse calomnie n'a point poursuivis, vous ne connaissez pas ces mouvemens d'un cœur ulcéré ; & ce n'est point vous que je cherche à intéresser. Une jouissance paisible des bienfaits de la société vous laissa toujours ignorer, pour ainsi dire, jusqu'à votre propre existence. Cette constante uniformité ne vous donna jamais aucun moyen de comparaifon, pour vous faire apprécier le bonheur, & faifir les degrés de l'infortune. Mais j'adreffe la parole aux hommes fenfibles, à qui le malheur donna plus d'une leçon. Ils ne riront pas de mes difgraces; ils me fuivront dans ma narration avec cette tendre & affectueufe follicitude qui diftingue l'homme de bien. Et vous, chers camarades de la ci - devant légion de la Montagne, c'eft pour vous principalement que j'ai la plume en main. Vous me rappellez qu'un ordre arbitraire a fait incorporer l'infanterie de la légion; que tous les officiers ont été renvoyés chez eux; que plufieurs cependant ne font point révoltés de l'injuftice du gouvernement, & qu'ayant favouré les plaifirs de la guerre, contracté des habitudes militaires, c'eft un befoin pour vous de folliciter de l'emploi du directoire exécutif, qui paraît d'ailleurs vous en avoir ouvert l'accès, en me réintégrant dans l'emploi de chef de brigade. Vous defirez en conféquence connaître les motifs fur lefquels j'ai bafé ma demande en réintégration, parce que les originaux des pieces organiques de la légion de la Montagne font entre mes mains; j'ai cru ne pouvoir mieux répondre à votre ardeur civique, qu'en fefant imprimer ma pétition au miniftre de la guerre, le mémoire qui en fefait partie, & la réponfe du miniftre. Je faifis encore cette occafion avec le plus grand empreffement, pour vous témoigner combien les preuves d'amitié & d'eftime que vous m'avez données avant & depuis ma deftitution, m'ont été agréables, & pour vous narrer rapidement tout ce qui m'eft

[5]

arrivé depuis l'époque où des fatrapes m'ôterent le commandement d'un corps que j'avais eu la gloire peu commune de créer, d'inftruire & de difcipliner aux avant - poftes. Je ne vous donne ce petit apperçu que pour vous prouver, ainfi qu'à tous mes concitoyens, que je fuis toujours moi - même, & que, quoi qu'il puiffe arriver, je demeurerai toujours amant paffionné de la liberté.

Après ma deftitution, je fus à Orléans, d'où j'écrivis au comité de falut public pour lui demander la permiffion de me rendre à Paris afin de me juftifier. Je n'obtins pas même une réponfe.

Je pars, j'arrive à Nantes à l'époque de cette *belle* pacification de la Vendée. Les horreurs que je vis dans cette ville me firent fuir, & me voilà à Bordeaux. Je fais imprimer ma juftification ; & comme la convention nationale jurait alors à chaque inftant de maintenir la conftitution de 93 , & que fes fermens même indiquaient fon arriere-penfée, j'ofai inférer dans cette brochure un petit effai fur la théorie du gouvernement démocratique, dont on fe propofait de fapper les bafes.

Cette brochure paraît ; auffi - tôt toute la horde *fatrapique* des repréfentans du peuple en miffion dans le département du Bec- d'Ambès, me fignale comme un agitateur. Les arrêtés, les gendarmes, les chouans, tous font à mes trouffes. Un citoyen me cache dans fon grenier, me donne les moyens d'évafion, & me voilà courant par monts & par vaux.

J'arrive à Lyon. Je fuis, dans cette cité de contre-révolution, témoin du maffacre de plufieurs républicains. Déjà mon habit militaire me fait obferver ; il faut fe fouftraire aux poignards des compagnons de Jéfus ; je fors nuitamment de ce repaire d'émigrés, l'ame pleine de l'horreur qu'infpire aux amis des loix ce ramas d'affaffins qu'une fauffe indulgence fouffre encore fur le territoire de la république, qu'ils ont arrofé du fang des énergiques & fideles amis de la juftice & de l'humanité ; non pas de cette humanité qui fauve les individus pour étrangler les maffes, mais de la juftice & de l'humanité bafée fur l'incorruptibilité & la plus févere exécution des loix.

L'afpect des fommités du Mont-Blanc fait treffaillir mon cœur ; je revois enfin le féjour qui fervit de berceau à mon enfance. Là, tranquille dans mes foyers, loin du tumulte des villes & des atteintes de la calomnie, j'aurais trouvé le bonheur dans le fein d'une mere & de parens chéris, fi l'homme libre pouvait jouir de la vie lorfqu'il voit affaffiner la liberté. Mon département n'avait point encore été fouillé par l'infame régime des profcriptions. Mais le conventionnel Bion vient à Chambéry, marche triómphalement à l'adminiftration, précédé d'un menétrier, efcorté par tous les anarchiftes-réacteurs-thémidoriens que fes propos avaient ameutés autour de lui pour *réveiller* le peuple à la maniere des chevaliers du foleil. L'adminiftration départementale ne tarde pas à s'appercevoir que monfieur Bion eft dans fon fein. Déjà il a entonné

le chant des aſſommeurs ; les ſpectateurs ma-
lévoles beuglent avec lui, & ont bien ſoin d'ac-
compagner leurs cris de geſtes tout-à-fait dé-
monſtratifs. Ce chef de bande ſort applaudi des
cannibales qui croyaient déjà nager dans le ſang
des fondateurs de la république. Les vautours,
les tigres, les pantheres & les loups ſont les
bêtes féroces qu'à la hâte il ſort de la ménagerie.
On dreſſe en même tems une hécatombe, les
victimes ſont déſignées, les liſtes ſe forment,
on organiſe *des compagnons comme ailleurs* mais
le génie bienfeſant, qui veille au ſalut des républicains, déjoue tant de perfides manœuvres.
Le coup manque, les proſcrits demeurent cependant ſous le couteau de l'opinion publique,
& ſous les mandats d'arrêt. Un d'entr'eux cherche un aſyle dans mon habitation. Sa cauſe
eſt celle de la liberté. Je le recele; je m'entre-
tiens avec lui des dangers de la république. Les
crimes multipliés de ſes ennemis ſextuplent
notre courage, & ſans l'eſpérance notre amour
pour la liberté n'était bientôt plus qu'une ſainte
fureur. On m'avertit enfin que les perſonnes qui
étaient à Veigy n'y étaient pas en ſûreté, parce
que leur aſyle était ſoupçonné. La nuit arrive
& mon refugié va chercher ailleurs un ami qui
ne craigne pas de ſe compromettre aux yeux
des *ʒonnêtes ʒens*, en recevant dans ſes bras une
de leurs plus innocentes victimes. Libre alors,
dégagé des ſoins qu'exige l'infortune perſécutée,
je quitte les plaines riantes qui bordent le lac
Léman; je tourne mes pas vers ces cimes or-
gueilleuſes où les montagnards ont frayé des che-

mins que meſſieurs les muſcadins ne fréquente-
ront jamais. Arrivé à Nanci - ſur - Cluſe , je fus
reçu dans le ſein de la fraternité par un citoyen
que je ne connaiſſais que de réputation. Je jurai
alors de ne plus m'occuper que des faiſans, des
chevreuils & des lapins. Cette guerre de délaſſe-
ment me fit preſque oublier juſqu'à mes amis ;
ma plume ſe refuſa même un inſtant à leur
donner de mes nouvelles, comme ſi les glaciers
des Alpes euſſent glacé mon cœur. Nous gra-
vîmes les rochers les plus eſcarpés ; nous admi-
râmes avec reſpect les beautés qu'offrent les pré-
cipices, les chûtes d'eau , les rivieres ſerpen-
tant dans les vallées, les forêts noires contraſ-
tant avec la blancheur éblouiſſante des glaces.
Ces journées me rappellent combien nous fûmes
heureux dans cet intervalle. Etrangers même aux
nouvelles, nous ne nous occupions que de la
chaſſe dans des forêts que les feux, que nous
allumions pendant la nuit, menaçaient d'embraſer.
A peine voyait - on l'aurore, que les échos re-
tentiſſaient la voix de nos chiens ; les chevreuils ,
les lievres épouvantés fuyaient de toute part &
tombaient preſque tous ſous les coups redoublés
des chaſſeurs. L'envie de parler révolution ne
nous reprenait que lorſque nous approchions
d'un hameau, ou d'un chalet, comme ſi la vue
de leurs agreſtes habitans nous inſpirait tout-à-
coup le déſir de les voir plus heureux. Que je
regrette tout - à - la fois & le morne ſilence de
ces montagnes, & ces diſcuſſions où , ſans crainte
d'être ouïs , nous pouvions nous épancher &
dire notre ſentiment, & ſur les hommes, & ſur

les chofes. Je ne confeillerais cependant jamais à perfonne de fréquenter des lieux d'où l'on revient toujours plus noir, plus fombre qu'Young; des lieux où l'homme, livré tout entier au fpectacle de la nature, s'abandonne malgré lui à des réflexions qui lui feraient haïr & fuir à jamais le commerce du monde.

La convocation des affemblées primaires nous rappelle chacun dans nos cantons. Jamais les dangers de la république ne parurent fi grands, parce que l'opinion publique n'avait jamais atteint un tel degré de corruption, degré qui ne laiffait plus aux patriotes que le choix des moyens violens & proportionnés à la profondeur du précipice affreux que l'arnachie thermidorienne avait creufé fous leurs pas. Quel moment la convention avait-elle donc été choifir pour le renouvellement des autorités conftituées ? Pitt n'eût pas fixé une autre époque ! Mais le vaiffeau de l'état, qui a paru tant de fois devoir être fubmergé par la tempête, fut encore cette fois fauvé du naufrage par l'impétuofité du génie de la république. Les patriotes s'emparerent de quelques mouvemens mal combinés par leurs ennemis. Le royalifme, à l'ombre d'une aile conventionnelle, continuait cependant à s'agiter dans les fections de Paris ; depuis long - tems il obtenait des fuccès. La convention nationale, affaiblie par fes divifions, femblait ne pouvoir plus réfifter au fatal afcendant qui l'entraînait toute vivante dans l'abyme qu'elle avait elle - même creufé fi complaifamment pour les terroriftes. Il fallait combattre les brigands qui voulaient lui

arracher le gouvernail. Le danger était trop preſ-
ſant pour que les patriotes qui pouvaient ſup-
porter les frais d'un voyage à Paris, tardaſſent
plus long - tems à voler au ſecours de la repré-
ſentation nationale. L'injuſtice n'avait point ra-
lenti mon ardeur civique ; je veux partir. Le
jour était déjà fixé, lorſque l'aſſemblée primaire
du canton d'Annemaſſe me nomma électeur. Je
m'étais d'abord décidé à refuſer cette place ; mais
les motifs les mieux fondés me forcerent à répondre aux vœux de mes concitoyens. En effet,
le fort de la nouvelle conſtitution dépendait du
choix des autorités conſtituées , & ſur-tout du
nouveau tiers qui devait compléter les deux
conſeils.

Arrivé à l'aſſemblée électorale , je n'y trou-
vai qu'une énorme majorité compoſée de gens
dont le cœur ne reviendra jamais du Piémont ;
d'êtres choiſis dans cette claſſe d'hommes nuls ,
puſillanimes, ignares, confians ou faciles, qui
ont beſoin d'eſpérer, même de ſe tromper ; ou
d'hypocrites républicains, & l'on ſait que l'hy-
pocriſie a toujours des ſuccès lorſqu'elle s'adreſſe
à la crédulité.

Un parti décidément royaliſte s'était déjà formé
dans l'aſſemblée encouragée par les ſections de
Paris, qui paraiſſaient décidées à obtenir par la
force des armes, ou par un mouvement populaire, ce que la convention leur refuſait. Le
peuple français avait accepté la conſtitution &
les décrets de fructidor. On feignait d'en douter
à Paris, prétexte pour amener la guerre civile. Il
fallait ſe battre ; la victoire devait demeurer au plus
opiniâtre ; & les plus opiniâtres, les plus coura-

geux, les plus énergiques, font les républicains. Tout annonçait une explosion prochaine ; les résultats ne pouvaient qu'être avantageux, pourvu que l'on se battît ; car si l'opinion publique, qui a fait tant de ravage depuis le 9 thermidor, n'était pas arrêtée dans ses progrès par un coup de main, tout était perdu.

Le gouvernement n'avait déjà plus la force d'imposer silence, ou de chasser de Paris cette tourbe audacieuse de muscadins imberbes, qui dans leur folie redemandaient un roi, ou un nouvel ordre de choses, qui aurait amené nécessairement l'extinction de l'énergie républicaine, le retour du fanatisme, la proscription ou la mort de tous les employés sous le régime de 93 ; enfin cette inertie qui aurait détruit le gouvernement, dissout nos armées, tué nos finances & livré la république à nos ennemis, dont elle aurait été bientôt la proie.

Si les magnifiques souverains meneurs des sections eussent triomphé, la liberté était donc irrévocablement perdue, ou bien elle ne serait sortie de la lutte qu'à travers les horreurs de la plus affreuse guerre civile. La postérité pourra-t-elle croire que des membres de la convention attisaient, dirigeaient les préparatifs de ce mouvement subversif de la liberté ? On les vit flatter les faibles, menacer les énergiques, & tâcher de diviser, de désarmer le petit noyau qui s'était formé pour la défense du gouvernement. Ce noyau sacré se glorifiait de ne voir ralliés sous ses étendards que des militaires aguerris sur les frontieres, ou des victimes échappées

miraculeufement à la hache fyftématique qui
avait voulu les immoler aux mânes de Capet.
Tous, par un mouvement fpontané, jurerent de
s'enfevelir fous les débris de la république avant
de voir le triomphe des royales-cravattes.

Ce ferment retentit dans le fein de la convention, qui jamais ne fut digne du peuple que dans
les dangers. Elle s'apperçut, mais trop tard, des
maux qu'elle avait faits ; elle ne pouvait plus les
réparer ; & fi les craintes perfonnelles n'avaient
pas ftimulé fon énergie, on aurait eu la douleur
& la honte de voir ce corps, que fes excès
avaient fait tout - à - coup tomber dans la décré-
pitude, oublier fa grandeur paffée & fa puiffance coloffale, pour céder aux miférables pa-
ladins du royalifme. Mais il était réfervé au courage des braves accourus pour fauver la patrie,
de fuppléer à la puiffance d'un corps légiflatif
qui avait perdu jufqu'au fentiment de fa force.

Enhardis par leurs premiers fuccès, les conf-
pirateurs s'arment au confpect de toute l'Europe
étonnée & attentive. Le dénouement s'approche
à grands pas, gare l'explofion ! Les vétérans de
la révolution font armés ; ils veulent vaincre.
L'honorable million doré fe met en marche. Confians dans leur nombre décuple & fur-tout dans
leurs chefs au fénat, ces zolis meffieurs s'appro-
chent avec fécurité des Tuileries ; mais la mort
retranchée derriere les terroriftes, s'apprête à
en faire bientôt une juftice exemplaire. Vieux
hiboux, arrachez vos perruques ; fondez en
larmes ; vous ne verrez plus pirouetter vos en-
fans. Et vous, élégantes chouettes, déchirez

votre fein , voilez vos appas; vous ne retrouſ-
ferez plus les cadenettes de vos amans à oreilles
de chien.

Le combat s'engage , auſſi - tôt les rues font
jonchées des cadavres ſectionnaires.

Le canon, d'accord avec les baïonnettes républicaines, renverſe, diperſe toutes ces colonnes
qui naguere ſe croyaient en meſure de faire *re-
verdir* le tronc deſſéché du royaliſme.

Cette nouvelle, portée avec rapidité dans les
départemens, fait rayonner tous les patriotes &
alonge tellement la figure de la plupart des électeurs du Mont-Blanc, qu'ils en font mécon-
naiſſables. Tous arrivaient en foule le 19 vendémiaire, & les amis de la république n'avaient
rien de plus preſſé que de leur lire, relire &
relire encore les journaux du 14. Un obſerva-
teur aurait ri de voir leur conſternation; mais
non , il aurait pleuré de voir que les deſtinées
de la France étaient confiées à des hommes qui
n'ont des entrailles que pour les émigrés, qui
ne rêvent qu'aux clochers, aux prêtres , au
royaliſme, & aux moyens d'éloigner des emplois tous les patriotes , de les calomnier & de
les perdre.

Les choix de nos électeurs furent à peu près
la conſéquence de leurs principes; le même eſ-
prit préſida à tous les tours de ſcrutin ; l'urne
même ſemblait rejeter les vœux de la minorité.
Je ne crains pas de dire que je ne me ſuis jamais
vu dans une poſition auſſi cruelle. Lorſque j'étais
à l'armée en préſence des ennemis, je pouvais
les combattre ouvertement; mais là, voir un

tas de chouans, & ne pas oſer les attaquer ; voir la cabale, & ne pas pouvoir la déjouer ! Non, je ne connais pas de poſition plus affreuſe. Je maudis vingt fois l'inſtant où javais été nommé électeur ; ſans cela, j'aurais été à Paris, & je ſerais arrivé aſſez à tems pour avoir le plaiſir de combattre meſſieurs les déſerteurs de la re-quiſition. Il me faut cependant avouer que ce voyage à Chambéry m'a ſinguliérement appris à connaître la fourberie de certains hommes, & ſous ce rapport je me trouve un peu dédom-magé.

Le 13 vendémiaire, ſemblable au ſoleil levant, avait fait diſparaître les nuages qui obſcurciſ-ſaient l'horiſon de la France. Cependant cette journée, qui aurait dû lui rendre tout ſon luſtre, ne ſervit qu'à faire reſpirer un peu plus libre-ment les républicains, & ce n'eſt pas ſans peine qu'ils parvinrent à ſe ſaiſir du timon d'une conſ-titution qui ne fut d'abord projetée que pour ſervir de marche-pied au trône ; c'eſt ſous ces heureux auſpices que je me décidai à rentrer dans la carriere de la gloire. Je dis adieu à mes foyers ; je vole, j'arrive dans cette immenſe commune, qui accoucha ſi heureuſement de la liberté, & qui le 13 vendémiaire avorta de la contre-révolution.

J'apprends en arrivant, que mon frere Antoine Chaſtel, maréchal-des-logis en chef dans le pre-mier régiment des huſſards, bleſſé à l'armée des Pyrénées Orientales, était décédé à Montpel-lier. Sa mort m'a trop douloureuſement affecté, pour que je ne me faſſe pas un devoir de le rappeller au souvenir des légionnaires de la Montagne, bien persuadé qu'ils donneront une larme à la mémoire d'un ancien camarade qui était exempt de service, & qui, quoique prêtre, se serait cru déshonoré de ne pas partager les périls & la gloire de la jeunesse française. Il me semble voir à chaque instant son ombre errer dans les lieux que j'habite ; elle m'invite à me fortifier dans l'amour de la république, & la haine de la royauté. Oui, mânes chéris ! j'irai me réunir à vous dans les demeures sombres, avant qu'un roi puisse me compter au nombre de ses sujets. Ombre d'Antoine ! reçois mon serment ; reçois celui de mes freres. De mes freres ! Helas ! tu le sais, il en est un qui n'a pas vu la lumiere ; mais appaise-toi, le même sang circule dans ses veines. Un jour rendu à sa patrie, il expiera les torts de son infortune. La déesse de la liberté, dans le sein de laquelle tu reposes, lui réserve sans doute l'occasion de brûler un jour des parfums sur ses autels. Quant à moi, à qui une destinée plus heureuse a ouvert le temple de la liberté, je jure sur mes armes de ne jamais en sortir, d'imiter ta bravoure, tes vertus civiques & militaires, d'être enfin dans tous les tems digne de toi.

Après avoir versé sur la tombe d'un frere chéri les larmes dues à l'amitié, à la nature & au souvenir d'un militaire mort au service de la république, je sentis redoubler mon zele ; je sollicitai ma réintégration dans mon emploi de chef de brigade ; je l'obtins : ce fut le plus beau jour de ma vie. Je témoignai au ministre de la guerre le befoin que j'avais de me retrouver bientôt dans les champs de bataille ; il me promit de m'envoyer inceffamment à l'armée d'Italie, & m'enjoignit de retourner dans ma commune & d'y attendre les ordres du directoire exécutif.

Je partis avec plaifir d'une ville où l'impunité des chefs du parti royalifte avait rehauffé fes efpérances & fourni des prétextes à certains hommes pour révolutionner de nouveau en fens contraire. Leurs criailleries déplacées forcerent bientôt le directoire exécutif à leur retirer fa confiance. En effet, comment l'aurait-il placée dans des hommes qui ne foupiraient qu'après l'inftant heureux où ils auraient pu voir traîner à l'échafaud tous les hommes du jour, & qui étaient affez peu politiques, ou affez audacieux, pour énoncer hautement cette opinion ? J'ofe le prédire, les fermes zélateurs des bons principes auront tous le défagrément de fe voir par leur imprudence éloigner de tous les emplois, & le peuple rira à leurs dépens. Je fais que s'ils pouvaient faire entendre leur voix, les rieurs feraient bientôt de leur côté ; mais où font leurs moyens ? . . . Le peuple, qui eft las de révolutionner, n'époufera pas leur querelle, & c'eft avec juftice que l'on peut dire qu'ils prêchent dans le défert. Qu'ils s'empreffent donc d'avouer que, fi en 89 on leur eût préfenté la conftitution de l'an 3, ils fe feraient tous mis à genoux pour accepter & remercier le génie de la liberté.

Que les patriotes ne fervent plus la caufe des royaliftes, en fourniffant eux-mêmes au gouvernement

vernément des prétextes pour les égorger : la
révolution n'a-t-elle pas vu immoler affez de fes
amis ? Confervons-nous donc pour balancer les
ennemis de la liberté, & jouir en paix de celle
qui nous refte. Sans cela, nous verrons tous les
amis finceres des vertus républicaines malheu-
reux, infortunés, calomniés, perfecutés ; nous
verrons fe réduire le cercle des hommes qui fe
font jadis affemblés dans les temples de la liberté,
à ceux feuls qui, dédaignant de s'enrichir aux
dépens de la révolution, ont aujourd'hui l'efto-
mac & la bourfe vuides. Le tems forcera les uns
d'abjurer leurs principes. Sans reffource, fans ta-
lens, trop diftraits pour s'occuper ; les hommes
qui ont régénéré leur pays, feront tout-à-coup
métamorphofés en intrigans, ou en piliers de
tabagie ; les uns, pour attraper un fouper ; les
autres, pour efcroquer au jeu. Peu à peu chacun d'eux fe préfentera à ces fortes de fcenes
avec une modefte affurance. Le vice leur fournira
les moyens d'exiftence.

Mais que deviendront ces hommes pour qui
la vertu eft le premier befoin ? Ils verront l'injuftice de leur fiecle du fond de leurs chaumieres
ou de leurs cachots, ou du fond des déferts où
ils fe feront volontairement relégués, pour jouir
de l'abfence de l'efpece humaine, trop corrompue,
trop méprifable pour qu'on ne lui préfere pas
la folitude, & la compagnie des animaux les plus
féroces de l'Afrique. Plufieurs d'entr'eux feront
réduits à mendier ; & les fecours qu'ils recevront,
flétriront leur ame comme la main fait flétrir la
fenfitive. Ce qui eft pis encore, c'eft que le peu

B

ple, horriblement trompé, fuira ceux qui resté-
ront en France, avec autant de promptitude qu'on
s'écarte d'un brigand qui veut attenter à votre
vie.

Et vous, messieurs les royalistes, pour qui
la liberté n'a point d'appas, si vous vous com-
plaisez à vivre & à jouir paisiblement de votre
fortune, abandonnez aussi vos projets liberti-
cides; & puisque vous avez acquis la preuve
que la royauté ne peut plus se relever, malgré vos
efforts sacrileges, ralliez-vous à une constitution
qui vous garantit le pardon de vos crimes passés,
à une constitution qui, n'ayant pas encore eu la
pétite vérole, pourrait bien périr dans son enfance, si tous les hommes, de quelque parti
qu'ils soient, ne lui prodiguent leurs soins jusqu'à ce que, semblable au chêne des forêts, elle
puisse braver elle-même tous les orages. Croyez-
moi, faites le sacrifice de vos opinions, il en est
tems encore, vous y êtes intéressés; car si jamais
la constitution de l'an 3 meurt & si vos ennemis naturels triomphent, vos têtes, vos fortunes
vengeront les mânes des républicains morts victimes de leur dévouement.

Et vous directeurs, vous législateurs, tremblez!
Tremblez de rentrer dans vos foyers, si vous
laissez la république en proie aux horreurs du
royalisme & de l'anarchie. Tremblez! la justice
d'un tyran populaire vous attend; & si vous
échappez à son glaive exterminateur, les poignards
des royalistes sont aiguisés; votre perte est con-
jurée; votre mort est certaine. Votre mort!..
Mais la mort n'est rien. L'infamie vous attend,

& vos noms, voués à l'opprobre, ne passeront à la postérité que pour lui apprendre votre lâcheté & vos crimes.

Je ne veux pas étendre davantage ces tristes & prophétiques réflexions. Je reviens à mon départ de Paris, où l'audace des partis qui se signalaient à cette époque, l'incertitude des conseils, & la marche tortueuse du directoire exécutif, décidé à encourager les factions, afin de trouver l'équilibre dans un éternel mouvement de bascule & établir ainsi son autorité sur le faîte des dissensions civiles, devaient nécessairement produire un mouvement dont les résultats seraient la perte ou le discrédit de ces hommes qui n'ont jamais pu modérer leurs discours proportionnellement à l'extension de leurs moyens. En voyant leur conduite, on serait tenté de croire qu'un astre odieux roule sur leurs têtes, qu'ils ne peuvent pas plus se soustraire à son influence que les plaines liquides ne peuvent échapper à celle de la lune, & qu'ils ne changeront d'opinion & conséquemment de conduite, que lorsque leur étoile aura passé dans une autre sphere.

J'étais depuis long-tems tristement occupé de cette pénible pensée, lorsque les brillans succès de l'armée d'Italie vinrent faire une heureuse diversion à mes idées. J'envie bientôt le sort des braves qui moissonnent des lauriers pendant que je languis dans la plus cruelle inaction, sans prévoir l'instant heureux où le directoire exécutif pourra utiliser mon zele.

Les yeux constamment fixés sur la carte de l'Italie, je suis Buonaparte dans tous ses mou-

vemens; mais quelle foible jouiffance, compa=
rativement à celle des défenfeurs armés de la
république, qui exterminent à coups de victoire
toute la gente royale-anarchique ! En effet, faut-il,
pendant la guerre, fe voir réduit à lire la gazette ?
J'ai écrit plufieurs fois au miniftre pour lui demander l'avantage de fervir ma patrie fous l'influence de cet aftre bienfefant qui éclaire la marche
triomphale des intrépides pacificateurs des Alpes,
& dont les rayons lumineux vivifient fi patrio=
tiquement le fol de la France. Le miniftre n'a feu-
lement jamais daigné m'accufer la réception de
mes lettres, & je demeure comme une plante
curieufe dans une terre inculte ; j'attends que
quelque botanifte me tranfplante dans un fol pro=
pice, où je puiffe fleurir. Cette métaphore, me
dira-t-on, eft dictée par l'amour - propre. Cela
peut être ; mais ne m'eft-il pas permis de croire
que je fervirais plus utilement la république à
l'armée que dans mes foyers, où j'attends, depuis
fi long-tems, qu'une main protectrice m'arrache
de la folitude, pour m'envoyer partager les périls
& la gloire de mes freres d'armes qui viennent
de chauffer fi hardiment la botte de l'Italie, que
Buonaparte ne manquera pas de cirer à la françaife. Ah, qu'il eft beau, qu'il eft glorieux pour
eux de parcourir les armes à la main ces con-
trées dont les Alpes femblaient interdire l'accès
aux Français !

Nous verrons l'épée de Brennus chaffer de
Rome cet ange affaffin de Baffeville. Nous verrons Buonaparte envoyer cet incendiaire de
l'univers convertir les infideles dans le Bilédul=

gérid ou fur les bords de l'Indus. Nous verrons tous les faints & faintes du faint empire partir en maffe pour faire un pélerinage à Paris. Nous verrons les mobiles beautés de l'antique Rome venir avec la Vénus de Florence dans nos galeries publiques attefter à jamais la bravoure des Français.

Efpérons auffi que le roi de Naples nous paiera les dégâts faits à Toulon, & que le directoire exécutif fe reffouviendra que la fuperbe Venife recelait naguere le fugitif *comte de l'Isle*. Ces glorieufes deftinées d'une armée en qui la république françaife met fes plus cheres efpérances, me font bien regretter qu'il n'ait pas plû au miniftre de la guerre de me reftituer au dieu Mars. Je m'eftimerais très-heureux, fi mon zele mieux apprécié devenait agréable au gouvernement. Cependant, quoi qu'il arrive, je demeurerai toujours amant paffionné de la liberté. Déjà j'ai tout oublié, ingratitude, injuftice; j'attribue aux hommes les maux que j'ai foufferts; le gouvernement républicain fera toujours mes premieres délices. Je lui facrifierai dans tous les tems & ma fortune & ma vie.

Vous me retrouvez donc, mes chers amis, mes chers camarades, digne des amis de la liberté. Invariable dans mes principes, mon caractere demeure indépendant des événemens; je vivrai, je mourrai en homme libre.

Mais il eft tems de fatisfaire au principal but que je me fuis propofé dans cet ouvrage, qui eft de vous faire connaître les moyens que j'ai employés pour obtenir ma réintégration, afin

que ceux d'entre vous qui ne veulent pas aban-
donner la carriere militaire, puiſſent à leur gré
baſer leur demande ſur les mêmes pieces dont
je garantis que les originaux ſont entre mes mains.
Il me ſuffit pour cela, de vous faire connaître
ma pétition au miniſtre de la guerre, & ſa ré-
ponſe. Liſez, & vous ferez convaincus que la
légion de la Montagne n'a pas pu être incorporée;
mais que, ſuivant les loix, ſon artillerie, ſa
cavalerie devaient être amalgamées, & que ſon
infanterie devait former une demi-brigade d'infanterie légere. Liſez, & vous ferez convaincus
que ma deſtitution n'a été que le prélude né-
ceſſaire à une injuſtice auſſi atroce. Auſſi le directoire exécutif n'en pouvait pas long-tems ſou-
tenir le ſpectacle à la face de la patrie éclairée
par la force irréſiſtible des preuves dont les
pieces ſuivantes ſont le dépôt.

Paris, le 8 frimaire an 4 de la république
française, une & indivisible.

B. M. Michel Chastel, ex-chef de brigade,
Au Ministre de la guerre.

Citoyen.

Je fus destitué, le 5 nivose dernier, de l'em‑
ploi de chef de brigade commandant la légion de
la Montagne, par un arrêté des représentans du
peuple près l'armée des Pyrénées Orientales, en‑
suite d'une lettre du comité de salut public, du
10 frimaire an 3.

On lit dans cet arrêté, qu'il n'y avait dans
la légion de la Montagne, ni administration, ni
police ; & ce font là du moins les motifs qui pa‑
raissent avoir provoqué ma destitution.

Quoique j'aie suffisamment détruit cette asser‑
tion calomnieuse dans le mémoire que j'ai publié
à Bordeaux sous le titre d'Appel au tribunal de
l'opinion publique, & dans les autres pieces que
j'ai adressées au comité de salut public les 25 ni‑
vose & 4 vendémiaire derniers, je crois très à
propos de joindre ici les deux pieces suivantes,
qui établissent à l'évidence la mauvaise foi de
mes destituans.

PREMIER CHEF D'ACCUSATION.

Il n'y avait dans mon corps aucune administration.

RÉPONSE.

Au quartier général de Figuieres, le 20 nivôse
an 3 de la république françaife, une & indiv.

AU NOM DU PEUPLE FRANÇAIS.

*Les Repréfentans du peuple près l'armée des
Pyrénées Orientales,*

*Au Confeil d'adminiftration de la légion de la
Montagne.*

« Notre intention, citoyens, en prenant l'ar‑
» rêté qui deftitue de fes fonctions le chef de
» brigade Chaftel, n'a pas été d'inculper le con‑
» feil d'adminiftration. Toutes les difpofitions
» de cet arrêté ne font relatives qu'à cet ancien
» chef de brigade & le concernent perfonnelle‑
» ment. Si nous avions eu des plaintes contre
» l'adminiftration de la légion, & qu'elles euffent
» été fondées, ce n'eft pas indirectement que
» nous lui aurions fait connaître nos intentions,
» mais bien par un arrêté formel.

» GOUPILLEAU (de Fontenai). VIDAL. »

SECOND CHEF D'ACCUSATION.

Il n'y avait point de police, &c.

« Nous général de brigade commandant la
» brigade de droite de l'armée des Pyrénées Orien‑
» tales, certifions à tous ceux qu'il appartiendra,

» que le citoyen Chaftel, ci-devant chef de bri-
» gade commandant la légion de la Montagne ,
» s'eft toujours conduit en bon militaire dans
» les expéditions où il s'eft trouvé , & particu-
» liérement à la chapelle Delfaud qu'il comman-
» dait le 26 brumaire an 3 , & qu'il a en outre
» toujours maintenu la police & la difcipline là
» plus exacte dans fon corps pendant la campagne
» de l'an 3 , où il eft refté fous mes ordres.
» Le général de brigade DAVIN. »

Je défie la malveillance de me faire aucune
objection contre ces pieces , puifqu'elles font
fignées par deux des quatre repréfentans du peuple
qui me deftituerent , & par le général de brigade
qui fut chargé de me fignifier ma deftitution ; je
m'abftiens donc de reproduire ici les nombreufes
pieces juftificatives de ma conduite à l'armée.

Le comité de falut public, fatigué peut-être
par mes réclamations , demanda aux généraux &
aux repréfentans du peuple , de nouveaux ren-
feignemens fur ma conduite morale , civile &
militaire. Pas une plainte ne s'éleva contre moi ;
le rapport qui lui en fut fait , & qui eft encore
dépofé au bureau du perfonnel de l'infanterie,
m'était avantageux , & cependant le comité ne
me rendit point juftice.

Aujourd'hui que le directoire exécutif force
les ennemis de l'intérieur à marcher dans le fens
de la conftitution , je fuis bien certain que la
juftice du gouvernement ne fera plus celle des

factions, & que les services que j'ai rendus à ma patrie ne feront plus un titre de proscription.

Le mémoire ci-joint vous prouvera, citoyen ministre, que ma légion n'était point un de ces corps sortis du tourbillon révolutionnaire, dont l'existence est aussi problématique que la création. Il répond à l'objection que, puisque la légion de la Montagne n'existe plus, il ne peut pas être le cas de me réintégrer dans mon emploi de chef de brigade.

Daignez donc, citoyen ministre, vous faire rendre compte du rapport qui a été fait dans le tems au comité de salut public, & dont toutes les pieces sont au bureau de la guerre.

Je vous prie, citoyen ministre, d'agréer mes respects & de croire que je serai toujours prêt à me sacrifier pour la défense de la république & le maintien de la constiution.

Tout à ma patrie, CHASTEL.

P. S. Mon adresse est, *rue Traversiere - Honoré, hôtel du grand Balcon,* N°. 19.

Etat de mes services.

Vainqueur du 10 août, je fus nommé le 13 du même mois par le pouvoir exécutif, capitaine des carabiniers dans la légion des Allobroges, où j'ai servi avec distinction jusqu'au 4 brumaire an second, époque où je fus appellé à commander la légion de la Montagne, dont j'ai été le chef pendant quatorze mois. J'ai fait une campagne dans les Alpes, une contre les rebelles du midi, le siege de Toulon, & une campagne dans l'armée des Pyrénées Orientales. J'ai deux blessures.

Signé, CHASTEL.

Mémoire faisant suite à la pétition du citoyen Chastel.

Création de la légion de la Montagne.   Soixante & onze sociétés populaires de neuf départemens, réunies à Valence par députés, délibérerent la formation de la légion de la Montagne ; & par l'article 9 de leur procès - verbal des 7 & 8 septembre 1793 (vieux style), il est dit expressément « qu'il ne sera reçu dans » ce corps que des membres des so- » ciétés populaires, mineurs de 18 » ans, ou majeurs de 25 ; & que » chaque société concourra à la for- » mation de la légion, en fournissant » un homme sur trente membres. »

Sa création autorisée par un représentant du peuple.   Le représentant du peuple Boisset autorisa spécialement la formation de ce corps par son arrêté du 9 septembre même année, & enjoignit aux autorités constituées, aux agens militaires & autres, de prendre les mesures les plus promptes pour organiser la légion de la Montagne, l'armer & l'équiper.

Le décret du 19 septembre   Le 19 septembre 1793, an 2 de la république, un député des soi-

approuve la formation de la légion.

xante & onze sociétés populaires de neuf départemens, réunies à Valence chef-lieu de celui de la Drome, préfenta à la convention nationale, au nom de ces fociétés, le procès-verbal de leurs féances. Elle approuva leur arrêté, & décréta que le département de la Drome avait bien mérité de la patrie.

Trois cents foixante-deux fociétés populaires prennent l'engagement de compléter la légion de la Montagne.

Le 5 octobre fuivant, l'affemblée générale de trois cents foixante-deux fociétés populaires réunies à Marfeille par députés, prit l'engagement folemnel & facré de compléter la légion de la Montagne par des membres des fociétés populaires, non compris dans la requifition; & le même jour, elle fit une adreffe pour cet effet à toutes les fociétés populaires de la république.

Les repréfentans du peuple Paul Barras & Servieres approuvent l'organifation de la légion de la Montagne.

En exécution des décret, arrêtés & délibérations ci-deffus, le citoyen Chauvet, commiffaire-ordonnateur en chef de l'armée près Toulon, organifa définitivement la légion de la Montagne, le 4 brumaire an 2 de la république, & cette organifation fut approuvée, le 11 du même mois, par les repréfentans du peuple Paul Barras & Servieres. Elle portait que la légion ferait compofée de deux bataillons, de deux escadrons, de deux compagnies d'artillerie à pied, & d'une compagnie d'artillerie volante.

Plusieurs administrations départementales invitent les sociétés populaires à compléter la légion.

Les administrateurs des départemens du midi publient l'organisation de la légion de la Montagne, & par des proclamations ils invitent les sociétés populaires des communes de leurs arrondissemens, à fournir un homme armé & équipé, sur trente membres.

Il n'est reçu dans la légion aucun requisitionnaire.

Le conseil d'administration de la légion, en exécution de l'article 10 de l'organisation de la légion approuvée par les représentans du peuple, nomma dans sa séance du 12 brumaire, une commission composée de trois membres du conseil, pour examiner les certificats de civisme & les certificats de naissance de ceux qui se présenteraient pour s'enrôler, admettre ceux qui seraient envoyés par les sociétés populaires avec de bons certificats, & rejeter ceux qui n'en auraient pas, ou qui, par leur âge, se trouveraient compris dans la requisition.

Un bataillon du Rhône &

Le 20 nivôse an 2, Boisset, représentant du peuple dans les départ

Loire est incorporé dans la légion.

temens méridionaux, investi de pouvoirs illimités par le décret du 2 frimaire, enjoignit au bataillon de Rhône & Loire, en garnison pour lors à Montelimar, d'en partir pour se rendre à l'armée des Pyrénées Orientales, & y être incorporé dans la légion de la Montagne. Cet arrêté eut son exécution.

Les représentans du peuple & la convention nationale nomment plusieurs officiers dans la légion.

Les représentans du peuple, sur la demande du général Dugommier, nommerent plusieurs officiers dans la légion de la Montagne, & la convention nationale elle - même pourvut au tiers des vacances dont une loi lui réservait alors la nomination.

La cavalerie de la légion est amalgamée, & tous les officiers conservent leurs grades.

Conformément à l'article premier de la section III de la loi du 21 nivose an 2, concernant l'organisation de la cavalerie, le premier escadron de la légion a été amalgamé avec le premier régiment des hussards ; & en exécution de l'article 7, sect. III de la même loi, les officiers & sous-officiers ont tous conservé leurs emplois. Cette loi n'a pas encore reçu son exécution à l'égard du second escadron ; il est actuellement détaché à l'armée des Alpes, sous la dénomination de hussards des Alpes.

La légion perd son artillerie ; & suivant la loi du 9 pluviôse, ses deux bataillons doivent être organisés en demi-brigade d'infanterie légere.

Suivant l'article 2 de la loi du 9 pluviôse an 2, qui réforme les légions & les corps francs, la légion de la Montagne a perdu son artillerie ; mais les deux bataillons de chasseurs auraient dû être organisés en demi-brigade d'infanterie légere ; & les articles 5 , 6 , 7 , 8 & 9 de la même loi déterminent le mode d'organisation & la maniere de procéder à l'embrigadement des troupes légeres.

Les loix des 2 frimaire & 23 pluviôse an 2 conservent & ordonnent le complétement de la légion.

L'article 12 de la loi du 2 frimaire an 2 ne supprime que les nouveaux corps formés avec le produit de la nouvelle levée. Enfin, suivant l'article 2 de la loi du 23 pluviôse an 2, relative à l'incorporation des citoyens de la premiere requisition , les bataillons des légions font assimilés, pour leur complétement, aux cadres d'infanterie exiftans à l'époque du premier mars 1793.

La justice distributive veut que les officiers d'infanterie conservent leurs emplois , comme ceux des autres armes.

Il réfulte des délibérations, des arrêtés & des loix ci-deffus relatés :

1°. Que la légion de la Montagne n'avait point été formée avec le produit de la nouvelle levée, & qu'en conféquence elle ne pouvait pas être incorporée.

2°. Que l'infanterie de la légion

de la Montagne devait être organisée en demi-brigade d'infanterie légere.

3°. Que cette demi-brigade devait être complétée comme les cadres d'infanterie exiſtans à l'époque du premier mars 1793. (v. ſt.)

4°. Que les officiers d'infanterie avaient autant de droit à conſerver leurs emplois, que ceux des autres armes, puiſqu'ils feſaient tous partie d'un même corps, commandé par un ſeul chef, & qu'ils avaient toujours fait le même ſervice aux avant-poſtes.

CONCLUSION.

J'étais chef de brigade de l'infanterie, comme de la cavalerie & de l'artillerie; & puiſque les officiers d'artillerie & de cavalerie ont conſervé leurs grades, puiſque les motifs de ma deſtitution ſont calomnieux, même d'après l'aveu formel de mes deſtituans, le directoire exécutif doit me réintégrer dans mon emploi de chef de brigade, & me mettre en activité de ſervice dans l'une des armes qui compoſaient la légion de la Montagne.

CHASTEL.

Le ministre de la guerre répondit à ma demande, que le directoire exécutif n'avait cru devoir me réintégrer que dans le grade de chef de bataillon, & m'offrit de me mettre d'abord en activité de service dans la légion de police qu'il allait organiser. Je refusai cette place hautement, en lui disant que l'honneur me défendait de rétrograder, parce que j'avais la présomption de croire que je n'avais jamais démérité de la patrie ; que le directoire exécutif avait réintégré dans leurs grades plusieurs officiers, & que cette exception m'était infiniment injurieuse.

Le ministre de la guerre se pénétra de mes observations, me promit d'en faire part au directoire exécutif, & je reçus enfin la lettre suivante :

Paris, le 26 frimaire an 4 de
la république française.

Le Ministre de la guerre,

Au citoyen Chastel, ci-devant chef de brigade, commandant la légion de la Montagne.

Je vous donne avis, citoyen, que le directoire exécutif, auquel j'ai soumis votre demande en réintégration, & les pieces produites à l'appui, a décidé que vous seriez remis en activité de service, & pourvu dans un des corps d'infanterie, à un emploi du grade de chef de brigade, dont la loi lui réserve la nomination. En attendant, & jusqu'à ce que cette disposition puisse être effectuée, vous jouirez du traitement fixé par l'article premier de la loi du 13 prairial dernier, à partir du jour où vous avez ceſſé de toucher des appointemens ; objet pour lequel je vais donner les ordres néceſſaires. Vous voudrez bien, conformément à la loi, vous retirer dans la commune où vous devez réſider, & m'accuſer la réception de cette lettre, en même tems que vous m'indiquerez votre adreſſe, citoyen, pour que je puiſſe vous faire connaître, quand il en fera tems, la deſtination qui vous fera fixée.

Salut & fraternité ,

Le miniſtre de le guerre
AUBERT DUBAYET.

Le général de brigade chef
de la quatrieme diviſion
CARA SAINT - CYR.

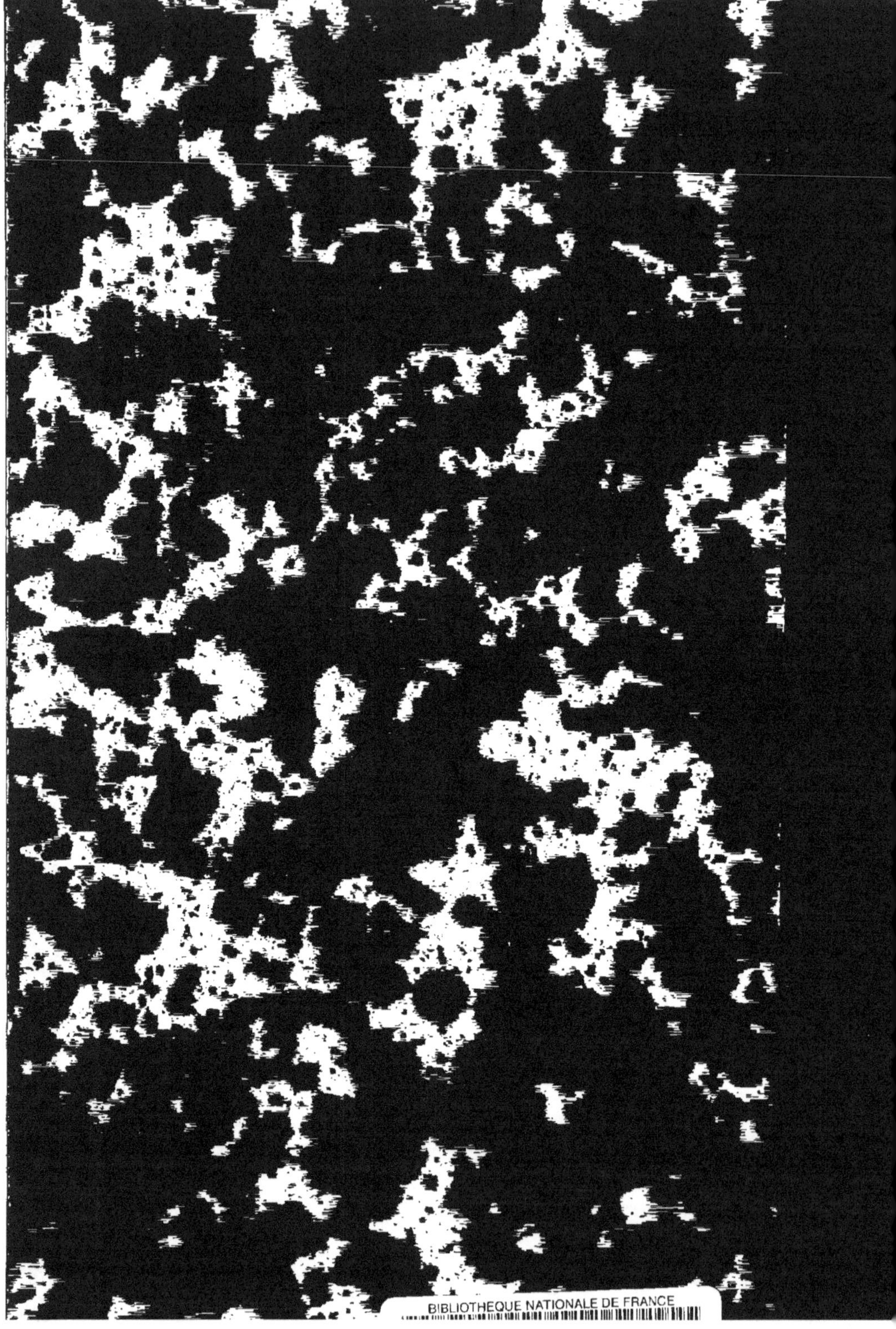